www.ingramcontent.com/pod-product-compliance
Lightning Source LLC
Chambersburg PA
CBHW020554220526
45463CB00006B/2296
* 9 7 8 1 6 5 7 9 4 5 1 6 6 *